AF336544

RÉPUBLIQUE FRANÇAISE.

MINISTÈRE DE LA GUERRE.

SERVICE DE SANTÉ.

INSTRUCTION

SUR LES MESURES A PRENDRE POUR

L'ENTRETIEN, LA CONSERVATION ET LE RENOUVELLEMENT

DES

APPROVISIONNEMENTS

DU

SERVICE DE SANTÉ

16 NOVEMBRE 1894.

(Extrait du *Bulletin officiel*, partie réglementaire, année 1894.)

PARIS | **LIMOGES**
11, PLACE SAINT-ANDRÉ-DES-ARTS. | 46, NOUVELLE ROUTE D'AIXE, 46.

HENRI CHARLES-LAVAUZELLE
Éditeur militaire.

1894

BULLETIN OFFICIEL

DU

MINISTÈRE DE LA GUERRE.

1894   PARTIE RÉGLEMENTAIRE.   N° 49.

SOMMAIRE.

N° 396. *Instruction sur les mesures à prendre pour l'entretien,
la conservation et le renouvellement des approvisionnements
du service de santé.*

Paris, le 16 novembre 1894.

Gestion des approvisionnements.

1° Les approvisionnements de réserve du service de santé sont
réunis dès le temps de paix et conservés dans les magasins, les
hôpitaux militaires, les corps de troupe et les dépôts de matériel
de mobilisation.

2° Ils sont gérés conformément aux dispositions contenues dans
les articles 551 à 556 (1) du règlement du 25 novembre 1889 sur
le service de santé à l'intérieur, aux prescriptions du règlement

---

(1)   **TITRE V.**

DISPOSITIONS SPÉCIALES AU MATÉRIEL DE MOBILISATION DU SERVICE
DE SANTÉ.

Gestion du matériel.

Art. 551. Le matériel de mobilisation du service de santé est géré conformément au règlement et à l'instruction sur la comptabilité-matières :
1° Dans les corps de troupe, par les conseils d'administration de ces
corps ;
2° Dans les hôpitaux militaires et dans leurs annexes, par les officiers d'administration gestionnaires desdits hôpitaux ;
3° Dans les dépôts de matériel de corps d'armée, par les officiers d'administration des hôpitaux gestionnaires de ces dépôts ;
4° Dans les magasins des services de l'intendance et de l'artillerie et dans
leurs annexes, par les comptables desdits magasins.
Il n'est produit qu'un seul compte de gestion pour tout le matériel du ser-

du 9 septembre 1888 sur la comptabilité-matières et à celles de l'instruction du 23 décembre 1888 qui y fait suite.

L'attention devra être appelée tout spécialement sur l'application rigoureuse des dispositions contenues dans les articles 7

---

vice de santé, que ce matériel appartienne au service courant ou à la réserve de guerre.

Surveillance du matériel.

Art. 552. Le matériel de mobilisation est visité tous les six mois au moins, savoir :

1o Dans les corps de troupe, par le médecin chef de service en présence d'un délégué du conseil d'administration ;

2o Dans les hôpitaux militaires, par le médecin-chef ou son délégué, avec le concours du pharmacien et de l'officier d'administration gestionnaire ;

3o Dans les autres établissements, par un médecin militaire que désigne le directeur du service de santé, et dont il notifie la désignation aux services intéressés. Ce médecin examine le matériel avec le concours, s'il y a lieu, d'un pharmacien militaire et du comptable du matériel.

Les résultats de chaque visite sont consignés dans un rapport sommaire relatant l'existence du complet, l'état d'entretien, ainsi que les réparations et échanges reconnus nécessaires. Ce rapport est adressé au directeur du service de santé du corps d'armée, qui provoque les mesures utiles.

Situations du matériel.

Art. 553. Pour toute gestion du matériel de mobilisation du service de santé, il est établi une situation (modèle no 1) de ce matériel, qui est adressée au directeur du service de santé, comme il est dit à l'article 11.

Dépenses d'entretien et de réparation du matériel.

Art. 554. Les dépenses d'entretien et de réparation du matériel de mobilisation sont imputées au budget ordinaire.

Le paiement de ces dépenses est effectué :

1o Dans un corps de troupe, par le conseil d'administration, qui est remboursé en fin d'année, par voie d'ordonnancement, sur les fonds du service de santé ;

2o Dans un hôpital militaire, par l'officier d'administration gestionnaire de l'hôpital, sur les frais d'exploitation du service et sous le titre : « Entretien du matériel de la réserve de guerre » ;

3o Dans les dépôts de matériel gérés par un officier d'administration des hôpitaux, par cet officier d'administration qui reçoit une avance de fonds au titre du service de santé, et qui comprend ses dépenses dans un compte trimestriel en deniers, conformément aux dispositions prescrites pour les hôpitaux militaires ;

4o Dans les magasins des services de l'intendance et de l'artillerie, par les comptables de ces établissements sur les frais d'exploitation de leur service, à titre d'avance remboursable par voie de virement. Ce remboursement a lieu trimestriellement sur la production d'un relevé détaillé, appuyé des pièces et autorisations régulières.

Echanges ou remplacements des médicaments et du matériel de la réserve de guerre.

Art. 555. Il peut être fait des échanges de médicaments et de matériel entre le service courant et la réserve de guerre, en vue d'assurer la conservation des approvisionnements.

Quand les échanges peuvent être faits sur place, ils sont autorisés : dans les corps de troupe, par les conseils d'administration, et dans les établissements, par l'autorité dont relève le comptable gestionnaire.

Dans le cas contraire, ils sont autorisés par le général commandant le corps du règlement et de l'instruction précités sur la comptabilité-matières (1).

Un carnet auxiliaire des visites, manutentions et remplacements du matériel, conforme au modèle annexé à la présente instruction (page 13), est tenu dans chaque corps de troupe ou établissement.

---

d'armée, à condition qu'ils puissent être opérés dans l'intérieur du corps d'armée.

Il est procédé dans les mêmes conditions pour les remplacements.

Lorsque les échanges ou remplacements ne peuvent être effectués dans le corps d'armée, une demande est adressée au Ministre en triple expédition.

Gestion d'un matériel de mobilisation du service de l'artillerie, mis à la disposition du service de santé.

Art. 556. Lorsqu'un matériel de mobilisation du service de l'artillerie est entreposé dans un hôpital militaire, l'officier d'administration gestionnaire est chargé de la gestion de ce matériel, au titre du service de l'artillerie.

Les travaux d'entretien et de réparation de ce matériel sont exécutés par les soins et au compte du service de l'artillerie.

Toutefois, dans les localités où ce service n'est pas représenté, les travaux d'entretien et de réparation peuvent être exécutés par les soins de l'officier d'administration gestionnaire, après autorisation régulière du directeur du service de l'artillerie. Les dépenses résultant de ces travaux sont payées par l'officier d'administration gestionnaire sur les frais d'exploitation de son propre service, à titre d'avance remboursable par voie de virement.

Au point de vue de la comptabilité des matières, l'officier d'administration gestionnaire produit, au titre du service de l'artillerie, un compte annuel de gestion portant inventaire établi conformément au règlement et à l'instruction sur la comptabilité des matières du département de la guerre.

(1) Art. 7. Les approvisionnements fixés doivent être constamment maintenus au complet et en état d'être employés pour un service de guerre.

Il est formellement interdit de les mettre, même temporairement, en service, en dehors des cas réglementairement prévus ou d'un ordre du Ministre. Les prélèvements destinés à assurer le renouvellement des approvisionnements de la réserve doivent toujours être compensés par des entrées préalables, auxquelles ces prélèvements sont subordonnés.

L'entretien, la conservation et le renouvellement du matériel de la réserve sont à la charge du budget ordinaire.

Art. 7. (Instruction).

Entretien de la réserve de guerre.

La réserve de guerre devra être constamment maintenue en bon état et au complet; les matières ou objets qui ne sont pas susceptibles de faire un service de guerre doivent être immédiatement remplacés, par échange avec des matières ou objets de même espèce existant au service courant. À défaut de ressources disponibles, on doit les faire réparer d'urgence ou provoquer l'envoi, par un autre établissement, du matériel de remplacement nécessaire.

Si du matériel a été mis temporairement en service dans les conditions prévues au deuxième paragraphe de l'article 7, il est visité immédiatement après sa réintégration en magasin, complété, s'il y a lieu, et remis en état comme il est prescrit ci-dessus.

Les directeurs des services doivent porter particulièrement leur attention sur l'obligation qui est imposée par l'article 7 de ne rien prélever sur la réserve pour le renouvellement des approvisionnements, sans que ceux qui sont destinés à les reconstituer aient été préalablement reçus en magasin.

Dans les cas exceptionnels où, soit pour prévenir la détérioration qu'amènerait un plus long séjour des matières en magasin, soit pour subvenir à des besoins imprévus, on se trouverait dans l'obligation d'opérer des prélèvements sur la réserve de guerre avant d'avoir pourvu au remplacement du matériel, il serait rendu compte d'urgence au Ministre, par l'intermédiaire des commandants de corps d'armée.

Entretien des approvisionnements.

MÉDICAMENTS.

Tous les médicaments doivent être pourvus d'une étiquette spéciale indiquant la date de leur réception. Ceux qui sont volatils ou qui s'altèrent spontanément seront l'objet d'une attention particulière, au point de vue du choix du local où ils seront renfermés et du bouchage de leurs récipients (circulaire ministérielle du 11 juillet 1893, n° 7152); on se conformera strictement, sur ce dernier point, aux prescriptions contenues dans les tableaux indicatifs.

Les substances comprises dans le relevé suivant doivent être renouvelées à la fin de la période indiquée pour chacune d'elles ; il importe d'observer que ces fixations ne sont pas absolues et peuvent être modifiées d'après le degré de conservation, essentiellement variable suivant les conditions de température, de climat, l'état des locaux, la nature des récipients, le mode de bouchage, etc.

TABLEAU des médicaments à renouveler après une durée déterminée.

DÉSIGNATION DES MÉDICAMENTS.	DURÉE.
Chloral hydraté.	2 ans.
Chloroforme.	2 —
Collodion.	3 —
Eau distillée.	3 —
Eau de laurier-cerise.	2 —
Extrait de belladone.	2 —
Huile d'arachide	3 —
— de ricin.	3 —
— volatile de citron	3 —
— — de menthe poivrée	3 —
Pilules de sulfate de quinine.	4 —
Podophyllin (résine de)	4 —
Pommade mercurielle.	3 —
Potassium (iodure de).	3 —
— (silicate de)	3 —
Poudre d'ipéca.	3 —
— de jalap.	3 —
— de réglisse n° 1.	3 —
— de quinquina gris n° 2.	3 —
— de rhubarbe	3 —
— de sublimé corrosif composée	4 —
Solution au sulfate de quinine au 1/20°	3 —
Thé de Chine.	4 —
Cataplasmes Lelièvre.	4 —
Granules de digitaline amorphe à 0gr 0005	3 —
Papier sinapisé.	3 —
Sparadrap emplastique de diachylon gommé	3 —
— mercuriel	3 —
— vésicant sur toile cirée.	3 —

INSTRUMENTS.

Les instruments de chirurgie doivent être soigneusement préservés de l'humidité et conservés dans des armoires placées dans des locaux parfaitement secs.

Les boîtes qui renferment les différentes collections seront toujours tenues au complet; les instruments y seront placés dans l'ordre fixé par les tableaux indiquant la composition de chaque boîte.

Les instruments isolés seront conservés sur des rayons et aussi éloignés que possible d'objets de pansement iodoformés ou bichlorurés ainsi que des flacons renfermant de l'iode, du perchlorure de fer, des acides minéraux, etc.

On évitera avec le plus grand soin d'enduire d'axonge les instruments d'acier. Il suffit pour les préserver de l'oxydation d'appliquer à leur surface une couche *extrêmement* légère de vaseline pure, étendue à l'aide d'un morceau de flanelle ou d'un tampon de ouate. Cette opération doit être renouvelée tous les six mois; dans les magasins secs où les instruments se maintiennent en bon état de conservation, un graissage annuel sera suffisant.

Au moment de les mettre en service il est utile de les faire bouillir pendant plusieurs minutes dans une solution de carbonate de soude à 2 p. 100, afin d'enlever complètement les corps gras; on déposera une petite quantité d'huile stérilisée sur les points de frottement et dans les articulations. Les parties nickelées des instruments ne doivent être recouvertes d'aucune préparation; on se bornera à les maintenir parfaitement propres et sèches. Il en est de même pour les pièces de maillechort ou d'argent qui seront, à l'occasion, nettoyées avec un mélange de blanc d'Espagne et d'alcool et frottées avec une peau de daim.

Après une opération ayant nécessité l'immersion des instruments dans des solutions antiseptiques, il est indispensable de les laver à grande eau à l'aide d'une éponge; on les essuie jusqu'à ce qu'ils soient aussi secs que possible et on les passe à l'alcool pour enlever toute trace d'humidité; ils sont ensuite très légèrement enduits de vaseline.

Il convient de rappeler que les instruments d'acier sont détériorés par le passage à l'autoclave, ou à l'étuve sèche à 180° qui altère leur trempe; le flambage à une température élevée, les solutions de sublimé, de chlorure de zinc, de sulfate de cuivre, ainsi que l'iode et ses composés, mettent rapidement les tranchants hors de service. Ces procédés de stérilisation ne devront donc être employés qu'avec une extrême réserve.

Dans le cas où les instruments présenteraient des taches de rouille, on se gardera de les frotter avec les substances pulvérulentes (émeri, brique anglaise) habituellement employées; il suffira de frotter les points oxydés avec une curette de bois tendre après les avoir humectés de quelques gouttes de pétrole jusqu'à ce que toute trace de rouille ait disparu; on appliquera ensuite une légère couche de vaseline.

THERMOMÈTRES.

Les thermomètres médicaux seront comparés avec les étalons des pharmacies régionales et ne devront pas présenter un écart de plus de deux dixièmes de degré. Cette opération de vérification s'exécutera une fois par an pendant les deux premières années d'emmagasinage; elle pourra ensuite n'être renouvelée que tous les deux ans.

SERINGUES.

Les pistons des seringues et irrigateurs seront essuyés avec un linge, on relèvera leurs bords et on les enduira fortement de vaseline sur leurs deux faces pour les ramollir, on les introduit ensuite dans le corps de pompe par un léger mouvement de rotation.

Les pistons de caoutchouc seront desserrés, après chaque injection, pour éviter la compression des rondelles pendant que l'instrument ne fonctionne pas. L'aiguille de platine iridié sera réservée pour l'emploi des solutions qui détérioreraient les aiguilles d'acier; on aura soin d'introduire dans ces dernières un fil métallique pour empêcher l'oxydation.

OBJETS EN CAOUTCHOUC.

Les objets en caoutchouc ne se conservent que pendant un temps très court, ils s'altèrent au contact de l'air, perdent leur souplesse et leur élasticité et deviennent cassants surtout si on ne les met pas en service.

L'action de la chaleur, de la lumière et surtout celle du froid sont nuisibles à la conservation de ces objets. On a généralement renoncé, pour leur entretien, à l'immersion continue dans l'eau phéniquée, qui n'a pas donné de résultats satisfaisants; le meilleur procédé consiste à leur faire subir des manipulations répétées aussi fréquemment que possible.

On a conseillé également de laver à grande eau les objets en caoutchouc vulcanisé en les malaxant entre les mains, de façon à entraîner le soufre en excès; cette opération devrait être renouvelée environ tous les trois mois pendant les premières périodes du séjour en magasin.

Les sondes uréthrales et œsophagiennes seront couvertes d'une couche de talc en poudre pour éviter les adhérences et conservées dans des boîtes où elles joueront librement.

Les bandes, pour l'hémostase, devront être déroulées à chaque visite semestrielle, saupoudrées de talc et disposées ensuite en rouleaux peu serrés.

Les tubes à drainage seront disposés soit en long, soit en cercle, de manière à éviter les plis et les nœuds qui déterminent des cassures lorsque la dessiccation commence à se produire.

Les poires en caoutchouc des pulvérisateurs perdent leur souplesse sous l'influence du froid ou lorsqu'on les laisse pendant un certain temps sans les faire fonctionner ; il suffit, pour leur rendre leur élasticité, de les plonger pendant quelques minutes dans l'eau à 40 degrés.

Les tissus imperméables à base de caoutchouc pour alèzes et pour pansements seront, autant que possible, conservés en rouleaux, sans subir de compression ; ils seront entièrement déroulés à chaque visite semestrielle. Le renouvellement des objets en caoutchouc sera assuré au moyen d'échanges aussi fréquents que possible avec le service courant.

MATIÈRES DE PANSEMENT.

L'enveloppe imperméable contenant les matières de pansement antiseptiques ou aseptiques devra toujours rester intacte et les paquets seront hermétiquement clos. On évitera avec le plus grand soin les manipulations brusques, ainsi que l'excès de compression dans l'arrimage, qui peuvent produire la déchirure ou l'éclatement des enveloppes. Si, malgré ces précautions, cette rupture venait à se produire, on provoquerait immédiatement le remplacement des paquets détériorés qui seraient versés au service courant.

La conservation du catgut, des crins de Florence et de la soie à ligature, doit être l'objet des précautions suivantes prescrites par la dépêche ministérielle du 3 mars 1894.

Les flacons renfermant le catgut et les crins de Florence seront toujours remplis de liquide, leur fermeture devra être exacte et le bouchon maintenu à l'aide d'un capuchon de papier parchemin. Pour la conservation des crins de Florence, on emploiera la solution antiseptique suivante :

Acide phénique cristallisé..........	50 grammes.
Glycérine officinale.................	350 —
Eau distillée bouillie	600 —
TOTAL...................	1.000 grammes.

Les bobines de soie à ligature seront plongées dans l'eau alcoolisée contenant 1 p. 100 de naphtol B, ou conservées à sec dans des flacons bouchés avec soin.

Les flacons de catgut seront remplis d'huile phéniquée à 5 p. 100 ; ce liquide sera remplacé quand il présentera un trouble notable.

OBJETS OU EFFETS EN TOILE, COTON, ETC.

Les draps de lit, chemises, caleçons, etc., seront entourés d'une feuille de papier d'emballage de manière à ce qu'ils soient préservés de la poussière avant d'être mis en ballots. Ceux-ci devront être disposés sur des étagères ou sur des planchers avec soustraits, à une distance de $0^m,50$ au moins des murs.

Les toiles des tentes d'ambulance (système Tortoise) seront entretenues conformément aux prescriptions de la notice du 12 juin 1893, n° XXXIII de la nomenclature générale.

COUVERTURES, EFFETS EN LAINE.

Les locaux où seront disposés les couvertures et effets d'habillement en laine, peu nombreux d'ailleurs dans les différentes unités collectives, doivent présenter les conditions générales des magasins destinés aux approvisionnements du service de santé; on exigera qu'ils soient frais, secs et parfaitement propres. Le sol sera arrosé avec une solution de 50 grammes d'acide phénique du commerce pour 5 litres d'eau, ou avec une solution de crésyl à 2 p. 100. Ces arrosages doivent avoir lieu quatre fois par mois de mai à septembre, une fois par mois seulement le reste de l'année.

Les portes et les fenêtres doivent être tenues fermées; il convient cependant de laisser pénétrer la lumière, car les insectes recherchent l'obscurité. La conservation des effets est absolument subordonnée à la fréquence des battages et brossages surtout d'avril à octobre. Pendant cette période ils seront renouvelés aussi souvent que possible. Le brossage des coutures et des plis dans lesquels se réfugient les insectes sera particulièrement surveillé. Cette opération se fera à distance des magasins; si elle devait avoir lieu à proximité, les locaux seraient tenus fermés pour que la poussière n'y pénétrât pas.

Les couvertures doivent être placées les unes sur les autres, complètement étendues; les piles pourront être hautes. Cette disposition présente une surface moindre à l'action des insectes et produit une compression suffisante pour empêcher leur pénétration.

Deux fois par an, au moins, au commencement d'avril et dans le courant d'octobre, les couvertures seront exposées à l'air et soigneusement visitées et battues avec des baguettes flexibles. Après les battages elles seront saupoudrées de poudre de pyrèthre et disposées en piles dans lesquelles on placera de distance en distance des morceaux de camphre ou de naphtaline de la grosseur d'une noix. Pour les effets de couleur blanche, il est préférable d'employer le poivre blanc grossièrement concassé; la poudre de pyrèthre modifiant légèrement la teinte de ces tissus, doit être réservée pour les effets de couleur.

Les mêmes précautions seront prises dans le cas où les couvertures ou les objets de lainage doivent rester sous toile ou sous bâche.

Ces moyens sont suffisants pour assurer la conservation des effets non contaminés, mais il est indispensable de soumettre ceux qui auront été envahis par les insectes à un étuvage à la vapeur sous pression; on peut aussi, à défaut d'étuve, employer la sulfuration ou l'immersion prolongée dans l'eau courante qui entraîne les larves et les œufs déposés dans le tissu; mais l'efficacité de ces procédés est moins puissante que le passage à l'étuve à vapeur sous pression.

Les effets d'habillement et les matières de pansement doivent être préservés avec le plus grand soin contre les animaux rongeurs; on emploiera pour leur destruction les pièges et ingrédients nécessaires et on s'adressera, sans délai, au service du génie pour faire boucher tous les trous qui peuvent servir de refuge.

OBJETS ET USTENSILES EN MÉTAL.

Ces objets seront placés dans des locaux parfaitement secs et toujours à distance des murs. Quand ils seront empilés ou introduits les uns dans les autres, comme les assiettes ou gobelets en fer battu étamé, on placera entre chacun d'eux une feuille de papier épais.

Les objets et outils qui ne sont pas étamés ou recouverts d'une couche de peinture devront être préservés de l'oxydation au moyen de l'huile antoxyde Bourgeois. Cette préparation s'applique à l'aide d'un tampon ou d'un pinceau en évitant tout excédent qui empêcherait la dessiccation.

Les réservoirs en tôle galvanisée seront égouttés avec le plus grand soin, après chaque mise en service, et asséchés le plus complètement possible au moyen de linges propres introduits par la bonde.

On les enduira ensuite d'une mince couche de paraffine étendue à chaud et très également répartie sur la surface intérieure des réservoirs. Au moment d'en faire usage pour y mettre les boissons, on enlève facilement la paraffine par un lavage à l'eau bouillante. Cette substance a sur les autres enduits l'avantage de ne donner aux liquides renfermés dans les récipients ni goût, ni odeur désagréables, tout en préservant ceux-ci de l'oxydation.

Les objets en tôle émaillée exigent de grandes précautions pendant les transports et les manipulations; ils seront toujours enveloppés d'une feuille de papier épais pour éviter autant que possible les contacts ou amortir les chocs susceptibles de détériorer la couche d'émail.

Il n'y a aucune précaution spéciale à prendre pour la conservation des ustensiles en cuivre et en étain; on évitera l'application des corps gras à leur surface et on les déposera dans un local sec et fermé.

OBJETS EN CUIR.

Ils doivent être également conservés dans des magasins à l'abri de l'humidité et de la chaleur.

Les cuirs seront brossés une fois par an avec une brosse grasse pour enlever les moisissures et graissés avec la composition suivante :

Suif fondu 1 partie ;
Huile de pied de bœuf 2 parties.

Faire fondre le suif à feu très doux, le filtrer ou le décanter pour le débarrasser des impuretés et ajouter l'huile de pied de bœuf en agitant le mélange chauffé légèrement ; laisser refroidir sans cesser d'agiter pour assurer le mélange de l'huile et de la graisse.

TONNEAUX ET RÉSERVOIRS EN BOIS.

Les tonneaux et réservoirs en bois sont emmagasinés dans un local sec et frais. Ils doivent toujours être prêts à recevoir les liquides qu'ils sont destinés à contenir. Leur conservation est assurée de la manière suivante :

Après les avoir remplis d'eau froide, on resserre les cercles s'il y a lieu, jusqu'à ce qu'ils soient parfaitement étanches, on les vide et on les rince avec environ un litre d'eau bouillante en ayant soin d'agiter en tous sens, puis on les vide ; quand l'égouttage est parfait on brûle à l'intérieur un morceau de mèche soufrée d'environ 25^{mm} de côté et on les bouche hermétiquement.

Cette opération est renouvelée tous les ans et plus souvent s'il est nécessaire.

Au moment de mettre les tonneaux en service, il faut les rincer avec de l'eau froide en renouvelant cette eau jusqu'à ce qu'elle sorte parfaitement claire.

Quand les tonneaux ou réservoirs doivent être remplis de vin ou d'eau-de-vie, il est indispensable de les soufrer suivant les indications ci-dessus et de les rincer avant de procéder au remplissage.

SEAUX EN TOILE.

Les seaux en toile seront toujours tenus dans un parfait état de propreté.

A cet effet, ils ne seront emmagasinés qu'après avoir été bien séchés et débarrassés de la poussière et de toute souillure susceptible d'altérer les qualités de l'eau de boisson.

Avant d'être mis en service, les seaux seront battus et brossés avec soin, surtout sur les coutures. On les rincera à plusieurs reprises, puis on y laissera séjourner de l'eau pendant quelques heures, afin que la toile subisse la rétraction nécessaire et ne laisse plus échapper le liquide.

Avant d'empaqueter les seaux, on les nettoiera et on les séchera complètement. Si un départ inopiné oblige à les empaqueter encore humides, on devra, dès l'arrivée, les déplier et les sécher au grand air, en les suspendant à quelque distance du sol.

DENRÉES, CONSERVES, ETC.

Les denrées et objets de consommation nécessaires aux diverses formations, tels que beurre, café, chocolat, bougie, saindoux, seront entretenus par l'hôpital militaire de la place où les approvisionnements sont entreposés et ne seront placés dans les chargements qu'au moment de la mobilisation.

Leur renouvellement s'effectuera par des échanges avec les denrées consommées couramment par l'hôpital. Si la consommation de l'hôpital n'est pas assez importante pour assurer le renouvellement des vivres de conserve, il y aura lieu de n'entretenir que les quantités en rapport avec les besoins de l'établissement. Les approvisionnements de chaque formation seront complétés au moment de la mobilisation.

Lorsque les approvisionnements sont entreposés dans une place où il n'y a pas d'hôpital militaire, ces denrées et objets de consommation seront achetés au moment de la mobilisation par l'officier d'administration gestionnaire ayant les approvisionnements en charge en temps de paix.

Les conserves
- de bouillon (tablettes),
- de julienne,
- de lait concentré,
- de haricots verts,
- de petits pois,

devront être renouvelées tous les deux ans. Cette fixation n'est pas absolue, elle pourra être modifiée suivant le degré de conservation de ces produits. Une étiquette collée sur chaque boite devra indiquer l'année et le semestre de fabrication.

Les ambulances dépourvues de conserves de bouillon au moment de la mobilisation auront la faculté, à défaut de ces tablettes, de se procurer par voie d'achat ou de réquisition tout autre produit similaire.

Le Ministre de la guerre,
Signé : A. MERCIER.

ᵉ CORPS D'ARMÉE.

—

PLACE D

(1) Indiquer l'établissement ou le corps de troupe.
(2) Entreposés audit établissement ou du service de santé, dont le corps a la gestion.

(1)

CARNET AUXILIAIRE des visites, manutentions et remplacements du matériel et des médicaments entrant dans la composition des approvisionnements (2).

1ʳᵉ PARTIE. — Désignation des approvisionnements et dates des visites et manutentions de chaque approvisionnement.

2ᵉ PARTIE. — Résultats des visites et manutentions.

Tenue du carnet.

1ʳᵉ *partie*. — Toutes les unités collectives et tous les objets isolés figurant au titre de la *réserve de guerre*, dans les comptes du corps ou de l'établissement sont énumérés dans la première colonne de cette partie, savoir:

1º L'approvisionnement d'une formation sanitaire y est inscrit avec la désignation de la formation à laquelle il est affecté. Exemple:

Approvisionnement d'ambulance nº 1 du quartier général, du ᵉ corps d'armée.
Approvisionnement d'hôpital de campagne nº du ᵉ corps d'armée.
Etc.

2º Les unités collectives de même nature, autres que celles entrant dans la composition des formations sanitaires, ainsi que les objets existant à l'état isolé, sont inscrits sous une même rubrique, en indiquant leur nombre. Exemple :

4 approvisionnements de réserve de pansement.
8 sacoches d'ambulance (paires de)
150 brancards avec bretelles.

En regard de chacune de ces désignations, on indique, dans les colonnes *ad hoc*, les dates des visites successives, ainsi que les dates du commencement et de la fin de chaque manutention.

2ᵉ *partie*. — Cette partie présente les résultats de chaque visite ou manutention. La date à inscrire dans la colonne nº 1, est :
Pour les visites, la date indiquée à la 1ʳᵉ partie,
Pour les manutentions, la date de la fin des opérations indiquée à la 1ʳᵉ partie.

NOTA. — Ce carnet est établi à la main et n'a pas de durée déterminée ; il est coté et parafé dans les corps de troupe par le major du régiment et dans les établissements militaires par le médecin-chef.

Chaque année, il doit être présenté à l'inspecteur général du service de santé.

1re Partie. — *Désignation des approvisionnements*

DÉSIGNATION des APPROVISIONNEMENTS.	DATES DES VISITES.							
EXEMPLE :								
Approvisionnem¹ d'ambulance n° 1 du quartier général du ¹corps	19 mai 93	6 sept. 93	1ᵉʳ mai 94					
Approvisionnem¹ d'ambulance n° 1 du quartier général de la division d'infanterie..	17 mai 93	8 sept. 93	5 mai 94					

et dates des visites et manutentions.

DATE DES MANUTENTIONS											
du	au	du	au	du	au	du	au	du	au	du	au
1ᵉʳ juin 1893.	8 juin 1893.										
15 mai 1893.	17 mai 1893.										

2ᵉ Partie. — *Résultats des*

VISITES OU MANUTENTIONS.		DÉSIGNATION des APPROVISIONNEMENTS visités ou manutentionnés.	DÉSIGNATION DU MATÉRIEL reconnu comme devant être remplacé.	QUANTITÉS.	DATES auxquelles les remplacements ont été effectués.	OBSERVATIONS — (Indiquer sommairement dans cette colonne les causes des remplacements.)
Dates.	Noms des officiers qui les ont effectuées					
EXEMPLE :						
	MM.					
19 mai 93	X., médecin-major de 1re classe. X., pharmacien-major de 2e classe X., officier d'adminis-tration gestionnaire.	Ambulance n° du quartier général du ° corps d'armée.	Alcool à 95°........	0.200	8 juin 93.	Evaporation.
			Chloroformeanesthé-sique............	0.580	Id.	Id.
			Thé de Chine......	0.250	Id.	Altéré.
			Catgut (flacon de).	3	10 juin 93.	Flacon cassé.
			Tube à drainage de 1 mètre de long..	12	Id.	Id.
			Pinceshémostatiques	6	1er juillet.	Oxydées.
			Sonde en gomme co-nique avec olive.	2	10 juillet.	

VISITES OU MANUTENTIONS.		DÉSIGNATION des APPROVISIONNEMENTS visités ou manutentionnés.	DÉSIGNATION DU MATÉRIEL reconnu comme devant être remplacé.	QUANTITÉS.	DATES auxquelles les remplacements ont été effectués.	OBSERVATIONS — (Indiquer sommairement dans cette colonne les causes des remplacements.)
Dates.	Noms des officiers qui les ont effectuées					

Paris, le 8 décembre 1894.

Collationné : Herbinet.   *Certifié :* F. Prieur

Paris et Limoges. — Imprimerie militaire Henri Charles-Lavauzelle

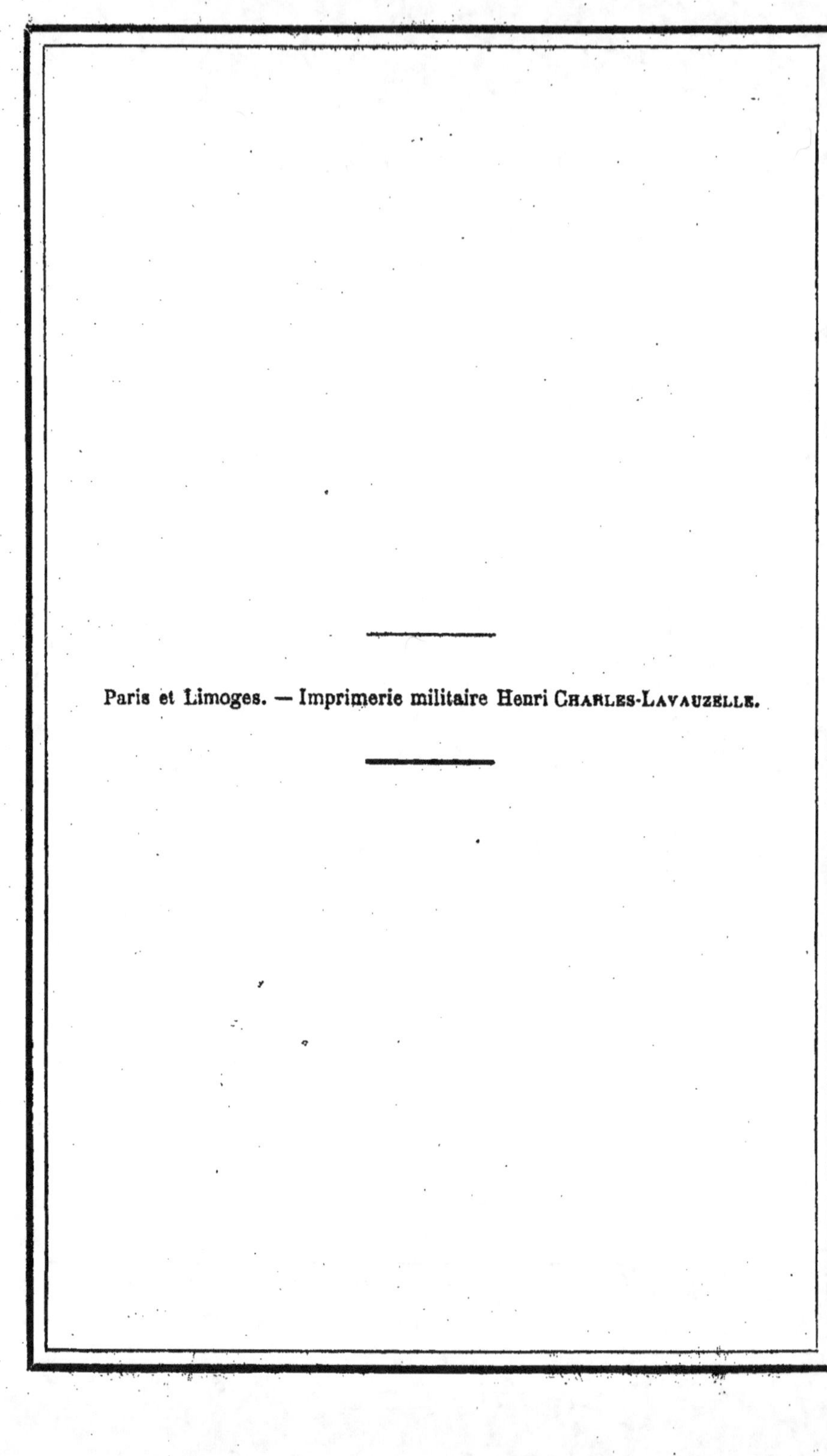

Paris et Limoges. — Imprimerie militaire Henri CHARLES-LAVAUZELLE.

www.ingramcontent.com/pod-product-compliance
Lightning Source LLC
LaVergne TN
LVHW010138060726
842524LV00005B/2014